NOVENA DE SANTO ANTÔNIO

1ª Reimpressão
Março/2016

Petrópolis

© 1979, Editora Vozes Ltda.
Rua Frei Luís, 100
25689-900 Petrópolis, RJ
www.vozes.com.br
Brasil

22ª edição, 2013.

Todos os direitos reservados. Nenhuma parte desta obra
poderá ser reproduzida ou transmitida por qualquer forma
e/ou quaisquer meios (eletrônico ou mecânico, incluindo
fotocópia e gravação) ou arquivada em qualquer sistema
ou banco de dados sem permissão escrita da editora.

Capa: Editora Vozes / Marta Braiman

ISBN 978-85-326-0489-7

Editado conforme o novo acordo ortográfico.

Este livro foi composto e impresso pela Editora Vozes Ltda.

Esquema geral para todos os dias da novena

1. Em nome do Pai e do Filho e do Espírito Santo. Amém.

2. Oração preparatória.

3. Leitura e reflexão.

4. Invocação a Santo Antônio.

Oração preparatória

Senhor, eis-me aqui a vossos pés, pedindo-vos que, pela intercessão valiosa de Santo Antônio, me concedais a graça que desejo alcançar através desta novena (mencionar a graça...). Sou levado até vós por minha necessidade. Mas, caso meu pedido não esteja conforme vossa santíssima vontade, concedei-me, Senhor, a graça da conformidade, para que em tudo quanto me acontece na vida saiba descobrir vossa presença e um dos meios que me conduzem até vós. Amém.

PRIMEIRO DIA
SANTO ANTÔNIO O HOMEM
DE DEUS

Homem de Deus, não só porque passou sua vida fazendo o bem, levando Deus aos outros. Mas homem de Deus, porque Deus realmente contava em sua vida. Sabia-se ele criatura, portanto, que de Deus viera e dele tudo recebera. Por isso, de nada se apropriava, pois tudo pertencia a Deus. Não deixava que o desespero lhe matasse a alegria interior, pois se sabia que a tentação era mais forte do que ele, sabia também que Deus era mais forte que a tentação. Se sabia que os problemas eram mais insolúveis do que os meios de que dispunha, sabia também que Deus era mais forte que todos os problemas. Se sentia que a doença era mais poderosa do que os remédios, sentia também que Deus era mais poderoso que a doença. Até diante da morte, sabia que Deus era mais forte do que a morte.

Por isso, depunha em Deus toda sua confiança. A ele recorria na certeza de ser atendido. Fazia de Deus o único ponto de chegada, a razão de tudo quanto fazia. Numa palavra: vivia por este Deus. Assim, nada o perturbava. Nada o amedrontava. Nada o desanimava. Nada o afastava de Deus.

Invocação

Santo Antônio, que tão profundamente servistes a Deus, concedei-me a graça de servi-lo também, de maneira

que nele confie e por ele viva. E de nada
tenha medo, pois sei que ele está comigo.
Assim seja.

Lembrete

O Senhor está comigo, nada temo.

SEGUNDO DIA
SANTO ANTÔNIO E A EUCARISTIA

Uma das grandes devoções de San-
to Antônio foi a Eucaristia. Ali sabia ele
estar Cristo presente, em verdade. Numa
presença amorosa, pois por amor aos
homens deixara-se ficar entre os homens. Sabia que era um profundo mis-
tério. Mas compreendida que, se Deus
pudera fazer-se homem e andar entre os
homens, podia também fazer-se pão e
ficar entre os homens. Daí, o amor com
que Santo Antônio comungou e sobre-

tudo celebrou a santa missa. Quem lê seus sermões percebe a chama de amor e entusiasmo com que fala da Eucaristia, como convida todo o mundo a receber este Senhor que tão amorosamente fica à disposição dos homens. Recebê-lo significa retribuir-lhe o amor.

Nós, que sentimos tanto a nossa fraqueza humana e incapacidade de vencer as mil dificuldades que nos cercam, temos no Senhor da Eucaristia uma fonte de graças e de energia sempre à nossa disposição. E amar Santo Antônio só é possível, na medida em que nos aproximamos do Cristo eucarístico, assim como ele o fez e o pregou. Comungar é colocar dentro de si o Cristo com toda a sua força. É levá-lo para a nossa vida de cada dia, como companheiro e energia para a vida.

Invocação

Santo Antônio, devoto de Jesus Sacramentado, conduzi-me sempre aos pés da Eucaristia, para que, recebendo o Cristo, sinta em mim aquela força que me dá coragem para a vida e a vontade de ser bom para com todos. Assim seja.

Lembrete

A Eucaristia é Cristo feito alimento para os homens.

TERCEIRO DIA
SANTO ANTÔNIO E
NOSSA SENHORA

Um dos pontos que atraíam a admiração e a devoção de Santo Antônio era o fato de Maria ser a Mãe de Cristo. Foi por ela que o Filho de Deus se fez homem. Foi porque ela aceitou ser sua mãe que ele começou a viver entre nós. Por isso, enchia-se de admiração pela grandeza da Virgem que merecera tamanha honra: ser escolhida para a grande missão. Mas enchia-se também de admiração pela espontaneidade, simplicidade, disponibilidade com que ela aceitara esta missão, que lhe trouxe alegrias, mas também grandes sofrimentos.

Se ela foi escolhida para trazer o Filho de Deus à terra, foi também escolhida para apresentar os homens a Deus. Por isso, está ela entre o Pai e os homens, como aquela por quem Deus continua a nos enviar suas graças e através da qual podemos nós continuar a enviar a Deus nossos pedidos. E como nas bodas de Caná Cristo fez seu primeiro milagre atendendo a um pedido da Mãe, ainda hoje continua com a mesma deferência:

nada nega à sua Mãe. Daí a confiança com que Santo Antônio recorria a Maria e animava os homens a ela recorrerem.

Invocação

Meu Santo Antônio, que em vida fostes devotíssimo da Virgem Maria, alcançai-me desta Mãe a graça de confiar nela e de merecer dela a proteção na vida e sobretudo na hora de minha morte. Assim seja.

Lembrete

Os nossos pedidos encaminhados por Maria chegam sempre ao coração do Pai.

QUARTO DIA
SANTO ANTÔNIO E OS HOMENS

Se de um lado Santo Antônio procurava Deus, do outro nunca esqueceu os homens, as criaturas que Deus criara à sua imagem e semelhança. Sabia que o desejo do Pai era reconduzir todos os homens até ele. Sabia que Deus no correr da história, sob mil formas, falara aos homens e em todos os tempos sempre enviara mensageiros para transmitir sua vontade. Antônio sentia-se um destes mensageiros. E para ser bom mensageiro sentia que não bastava amar a Deus, precisava também amar os homens. E os amava de verdade. Por isso, aonde chegasse, imediatamente a população corria ao seu encontro. Ouvia sua palavra. E procurava converter-se, pois na palavra, nos gestos e nas atitudes de Santo Antônio descobria a sinceridade e a verdadeira simpatia em Deus.

Nisto imitava o Cristo, que viera por causa dos homens e, como diz São João, "porque os amara, quis amá-los até o fim", dando-se na Eucaristia e entregando-se na cruz. E fez com que os homens se amassem entre si, de tal forma, que fundiu o mandamento do amor de Deus com o mandamento do amor aos homens, fazendo da caridade o grande e novo mandamento.

Invocação

Santo Antônio, que fostes amigo de todos os homens, dai-me o verdadeiro sentido da caridade, para que a todos ame e estime, a todos procure ajudar e servir, como irmãos meus em Cristo. Assim seja.

Lembrete

Este é o meu mandamento: amai-vos uns aos outros como eu vos tenho amado.

QUINTO DIA
SANTO ANTÔNIO E A PALAVRA DE DEUS

Uma das glórias de Santo Antônio é ter sido um dos grandes pregadores da Igreja. Conhecedor profundo das Sagradas Escrituras, fez-se o pregador da palavra de Deus. É admirável ler seus sermões e acompanhar a riqueza das aplicações que faz da Palavra de Deus à vida diária. Mas não se reduzia esse conhecimento a uma simples riqueza intelectual, antes era para ele fonte de vida. Isto é, a Palavra de Deus ajudava-o a viver o seu dia a dia: nela aprendia como tratar os outros, como relacionar-se com Deus, como usar as criaturas. Nela encontrava sentido para as alegrias da vida, mas também para os problemas e sofrimentos. Nela encontrava a razão para interpretar os acontecimentos, aceitá-los e fazer deles meios para chegar melhor a Deus.

Por isso é representado com o livro dos Evangelhos na mão. Não só porque os conheceu profundamente, mas sobretudo porque os viveu intensamente. Daí, venerar Santo Antônio e não venerar os evangelhos é falta de lógica. Rezar a Santo Antônio nas aflições sem alimentar-se da leitura dos evangelhos é falsear a devoção ao Santo. Ele nos remete, sempre de novo, aos evangelhos, porque neles Deus nos fala e nos aponta os caminhos da vida.

Invocação

Santo Antônio, que semeastes, na vossa passagem, a Palavra de Deus e dela vos alimentastes, fazei que o Evangelho se me torne a leitura predileta e nele encontre a vontade de Deus para minha vida. Assim seja.

Lembrete

A Palavra de Deus será meu alimento diário.

SEXTO DIA
SANTO ANTÔNIO E OS POBRES

Na sua vida, Santo Antônio encontrou muitos pobres e teve por eles sempre um carinho especial. Mas não apenas se preocupava com os pobres de bens materiais, aqueles que não tinham posses ou meios de subsistência. Considerava pobres também aqueles que não tinham cultura e por isso procurava ajudá-los, pois sabia que o estudo é um bem devido a todos. Considerava pobres aqueles que não tinham amigos, que viviam na solidão, privados da amizade. Considerava pobres aqueles que haviam perdido sua liberdade, com culpa ou sem culpa, e se encontravam separados dos outros homens. Considerava pobres aqueles que não tinham conseguido ser felizes no seu casamento, que não tinham conseguido uma profissão, que não tinham chegado a desenvolver todas as suas capacidades.

Com isso o campo de sua caridade se tornava imenso e as soluções que dava eram grandes. Procurava ajudar a todos e em tudo. Não apenas dando soluções, mas ajudando a encontrar soluções. E, quando não havia solução, dava sua palavra, sua amizade, sua presença e assim ajudava o sofredor a adquirir confiança, pois sentia que alguém estava ao seu lado.

Invocação

Santo Antônio, amigo dos pobres, olhai para a minha pobreza espiritual e trazei-me o auxílio da graça em minhas necessidades. Dai-me também um profundo sentido para a pobreza do próximo, seja de que ordem for. Assim seja.

Lembrete

Deus quer ser a tua riqueza em todas as tuas formas de pobreza.

SÉTIMO DIA
SANTO ANTÔNIO E O TRABALHO

Uma das notas profundas de Santo Antônio foi o amor ao trabalho, aprendido de São Francisco que chamava o trabalho "uma graça de Nosso Senhor". Não existia para ele trabalho humilde. Tudo era maneira de servir a Deus. Por isso, quando chegou à Itália, uma das suas primeiras ocupações foi cuidar da cozinha e limpeza do refeitório dos religiosos. E fê-lo com todo carinho e dedicação.

O estudo era assumido com seriedade e esforço, pois era uma forma de trabalho, de onde lhe vieram as grandes armas com que combateu para Deus. Suas práticas eram preparadas com muito cuidado, com um intenso trabalho intelectual. Assim, tudo o que exigia esforço, persistência, preparação, emprego de forças físicas e espirituais era abraçado por Santo Antônio em espírito de fé, pois trabalhando dava a Deus louvor. Portanto, para ele, trabalhar era uma forma de rezar.

Tentou, igualmente, mostrar aos outros o valor do trabalho, para que todos o abraçassem como uma das formas de expressar sua missão na terra e como uma constante bênção de Deus. O trabalho não é um castigo de Deus, mas uma forma de partilhar do poder criador de Deus.

Invocação

Santo Antônio, que sempre trabalhastes e enaltecestes o trabalho, dai-me a graça de aceitar o trabalho de cada dia, para marcar minha presença entre os homens e com eles colaborar. Assim seja.

Lembrete

Trabalhar é marcar presença no meio dos homens e colaborar com a criação de Deus.

OITAVO DIA
SANTO ANTÔNIO E OS
BENS TERRENOS

Santo Antônio nasceu de família abastada. A vida lhe oferecia o que desejasse. Mas sentiu-se atraído a um gênero de vida em que a renúncia dos bens terrenos fazia parte. Entrou por isso na Ordem Franciscana, onde São Francisco colocara a pobreza como fundamento e incessante busca. Santo Antônio o fez, não no espírito de desprezo, mas no sentido de colocar as coisas no seu devido valor. Sabia que os homens necessitam dos bens terrenos para realizar sua missão terrena. Mas o mal está no fato de fazerem dos bens o único objetivo de sua vida. Em vez de fazerem dos bens degraus que levam a Deus, fazem dos bens montanhas que escondem Deus. Por isso, deu Santo

Antônio seu exemplo de renúncia. Por isso, também suas veementes pregações contra os ricos cegados pela riqueza, a ponto de só verem seus interesses e desconhecerem as necessidades daqueles pobres que os rodeavam. Chegou a mostrar, concretamente, aonde a riqueza levava: o coração de um rico, depois de sua morte, foi encontrado no cofre das moedas.

Nunca foi contra os bens em si, mas contra o mau uso deles. Contra a ganância. Contra a dureza de coração que nega ao necessitado uma esmola. Se tudo recebemos generosamente de Deus, com a mesma generosidade devemos passar adiante.

Invocação

Meu Santo Antônio, que soubestes passar entre os bens terrenos sem ficar deles escravo, alcançai-me a graça de igualmente passar por eles, utilizando-os segundo os planos de Deus e com eles ajudar os mais necessitados. Assim seja.

Lembrete

Bem-aventurados os que têm um coração de pobre – disse Jesus.

NONO DIA
SANTO ANTÔNIO E AS COISAS PERDIDAS

A Santo Antônio é atribuído o poder de reencontrar as coisas perdidas. Por isso, a ele se costuma recorrer sempre que se perderam ou extraviaram objetos pessoais. Esta fama lhe veio de fatos atribuídos, quando ainda em vida. Mais que das coisas materiais, é ele o restituidor das coisas espirituais. Quando alguém se desviou do bom caminho, perdeu o caminho da casa do Pai, Santo Antônio ajuda a encontrá-lo. Quando alguém perdeu o entusiasmo pela vivência religiosa, Santo Antônio ajuda a reencontrar as motivações que despertam o fervor. Quando alguém perdeu o sentido da vida, Santo Antônio ajuda a encontrar a razão de continuar a viver. Quando alguém entra na desesperança, Santo Antônio ajuda a reencontrar a esperança que o Cristo nos trouxe. Quando alguém perde o espírito de caridade para com o outro, Santo Antônio ajuda a encontrar a razão de todo relacionamento humano: Cristo nos fez irmãos.

Expostos como estamos a perder os valores essenciais da vida, sobretudo a visão de Deus sobre as coisas, recorrer a Santo Antônio é procurar junto a ele o reencontro destes valores, muito mais importantes do que qualquer perda material.

Invocação

Meu Santo Antônio, sede meu guia na caminhada para o Pai e fazei que nunca perca de vista o caminho que a Ele leva e os valores de que preciso. Caso em algum momento me desvie, ajudai-me a reencontrar este caminho e que eu saiba conduzir os outros a este mesmo caminho. Assim seja.

Lembrete

O Senhor é o guia que me conduz por veredas seguras.

RESPONSÓRIO DE SANTO ANTÔNIO

Se milagres tu procuras,
vai, recorre a Santo Antônio:
Verás fugir as maldades
E as tentações do demônio.

Refrão: Faz encontrar o perdido,
Rompe as grades da prisão,
Cede o mar embravecido,
Silencia a voz do trovão.

Em graças são transformados
Todos os males humanos:
Provam-no todos os homens,
Sobretudo os paduanos.

(Repete-se o refrão)

Foge a peste, o erro, a morte
De Antônio à invocação,
O fraco torna-se forte
E o enfermo se torna são.

(Repete-se o refrão)

Glória ao Pai e a Jesus Cristo,
E ao Espírito também,
Com que reina Santo Antônio,
Pelos séculos. Amém.

(Repete-se o refrão)

V. Rogai por nós, Santo Antônio.

R. Para que sejamos dignos das promessas de Cristo.

Oremos – Nós vos suplicamos, ó Deus, que a intercessão de Santo Antônio, vosso Confessor e Doutor, alegre vossos fiéis e por ele sejam fortalecidos com os auxílios espirituais de que necessitam, para percorrerem em paz os caminhos desta vida e alcançarem as alegrias da vida eterna. Por Jesus Cristo Nosso Senhor. Amém.

SAUDAÇÕES AO GLORIOSO SANTO ANTÔNIO

Deus vos salve, meu glorioso Santo Antônio, sacrário do Divino Espírito Santo: alcançai-me dele os dons e os auxílios da graça.

Deus vos salve, meu glorioso Santo Antônio, em cujos braços repousou o Deus Menino: consegui-me dele a inocência do coração.

Deus vos salve, meu glorioso Santo Antônio, amantíssimo filho de Maria Santíssima: fazei-me também digno de tão soberana Mãe.

Deus vos salve, meu glorioso Santo Antônio, que fazeis encontrar as coisas perdidas: não permitais que eu me perca no caminho que leva à eterna salvação.

Deus vos salve, meu glorioso Santo Antônio, homem de vida ilibada: alcançai-me a pureza da alma e do corpo.

Deus vos salve, meu glorioso Santo Antônio, modelo perfeito de humildade: fazei meu coração semelhante ao vosso.

Deus vos salve, meu glorioso Santo Antônio, intrépido lutador contra as heresias: inspirai-me a verdadeira docilidade às doutrinas da Santa Igreja.

Deus vos salve, meu glorioso Santo Antônio, luz brilhante a encher todo o universo: dissipai minha cegueira para que não me perca nas trevas dos vícios e pecados.

Deus vos salve, meu glorioso Santo Antônio, coração inflamado no amor de Deus: inflamai igualmente meu coração, para que arda sempre neste fogo e nele envolva todos os homens com quem me comunico no meu dia a dia. Assim seja.

Oferecimento

Meu glorioso e amabilíssimo Santo Antônio, eu vos ofereço estas saudações e orações, em honra e veneração de vossas heroicas virtudes e santidade admirável, e vos peço humildemente me alcanceis de Cristo Senhor Nosso e de sua Mãe Maria Santíssima, junto a quem tanto valeis, uma resolução firme de seguir vossos exemplos, de imitar vossas ações, para que, dirigindo meus passos pelo exemplo de vossas virtudes, caminhe com segurança por este mundo rumo à eterna felicidade.

Também vos rogo que consigais do mesmo Senhor o remédio para todas as minhas necessidades, tanto espirituais como materiais. Por vosso intermédio espero alcançar estes benefícios da parte de Deus. Estou seguro que não faltareis com a vossa proteção a quem tanto confia, como eu, em vosso amparo. Peço também valer-me na hora da minha morte, para sair vitorioso de todos os combates desta hora e, livre o meu espírito das prisões desta vida mortal, possa lograr para sempre a perfeita liberdade dos filhos de Deus e gozar de sua visão em vossa companhia. Amém.

Louvor à língua de Santo Antônio

(Pronunciado por São Boaventura, quando, exumados os restos mortais de Santo Antônio, foi encontrada intacta a língua do Santo)

Ó língua bendita, que não cessaste de louvar a Deus e de ensinar aos outros a bendizê-lo! É agora que se vê claramente o quanto eras preciosa a seus olhos.

V. Ilustre pregador, Santo Antônio, rogai por nós.

R. Para que, por vossa intercessão, cheguemos à felicidade da vida eterna.

Oremos – Ó Deus todo-poderoso, que tantos prodígios e milagres operais continuamente no meio dos homens e que salvaguardastes da corrupção a língua de Santo Antônio, vosso confessor e nosso padroeiro, concedei-nos que por seus merecimentos e exemplos alcancemos a graça de sempre vos bendizer e vos louvar com nossa língua. Pelo mesmo Nosso Senhor Jesus Cristo. Amém.